Manipulación Psicológica

Iván Salvaterra

Editorial Anuket

Contenido

Capítulo 1
Los fundamentos
de la manipulación

Si estás solo, entonces eres completamente tuyo. Si hay al menos una persona a tu lado, entonces te perteneces sólo la mitad o incluso menos...

Leonardo Da Vinci

La manipulación psicológica es un fenómeno complejo que ha intrigado a investigadores y profesionales durante décadas. Desde los tiempos de los antiguos filósofos griegos hasta los estudios modernos en psicología social y neurociencia cognitiva, la humanidad ha buscado comprender cómo y por qué las personas pueden ser influenciadas para actuar de ciertas maneras, incluso en contra de sus propios intereses.

A nadie le gusta que lo controlen. Usurpa nuestra capacidad de actuar utilizando el libre albedrío, de percibir el mundo como lo vemos nosotros mismos y de elegir libremente nuestros propios valores, creencias y acciones sin obstáculos. Por otro lado, si el control conductual nunca existiera, el mundo se convertiría en un caos. Entonces, ¿cómo podemos distinguir el control constructivo del control destructivo?

Cada uno de nosotros nos hemos encontrado repetidamente con acciones de otras personas destinadas a controlar nuestro comportamiento, emociones o incluso creencias. Algunas de estas acciones, por ejemplo, la corrección afectuosa del comportamiento de un niño pequeño o las reacciones emocionales por parte de padres amorosos, son bastante adecuadas y beneficiosas para el desarrollo de la personalidad.

Las formas destructivas de control psicológico también incluyen intentos de estados autoritarios y totalitarios, partidos políticos, sectas religiosas y comunidades criminales de controlar las creencias de las personas para sus propios finos egoístas.

¿Qué es el control psicológico?

El control psicológico (intrusión psicológica) es un tipo de mecanismo para manipular las emociones y creencias de otras personas para los propios fines. La manipulación es una forma de influir encubiertamente en una persona mediante tácticas indirectas, engañosas, insultantes o agresivas. En general, la manipulación puede afectar no solo la esfera espiritual, sino también el comportamiento. En este caso, se trata de una forma de control conductual. El control de la conducta es absolutamente necesario en una determinada etapa de la educación de los niños por parte de los padres, pero se vuelve inapropiado en las relaciones entre adultos e individuos maduros, pasando a la categoría de conducta destructiva.

Educación y control parental

El control conductual normal en el proceso de crianza se expresa en los esfuerzos de los padres por normalizar, regular y controlar el comportamiento del niño. Este control del comportamiento es un factor amortiguador natural para prevenir la angustia emocional y los problemas de comportamiento en los niños que, debido a su edad o características de desarrollo, no son capaces de cumplir con las normas y reglas de la vida en sociedad, ya que no siempre saben exactamente cómo comportarse o cómo reaccionar ante determinadas situaciones de la vida. Dicha supervisión parental es apropiada si se tiene en cuenta la edad y se ejerce con respeto por la autonomía y los límites personales del niño, en el contexto de mostrar calidez emocional y participación sincera en los intereses y problemas del menor.

Por otro lado, un control psicológico parental inadecuado puede estar asociado con el desarrollo de problemas emocionales en niños, adolescentes y adultos. Este control parental desadaptativo se manifiesta en forma de estrategias de manipulación multivariante y, en la mayoría de los casos, va dirigido contra la autonomía de los niños en crecimiento y desarrollo, por ejemplo:

• Chantaje emocional: "Si no lo haces, no hablaré contigo"
• Imponer sentimientos de culpa: "Mamá enfermó gravemente después de darte a luz"
• Imposición abrumadora: "Mami te quiere mucho".

• Rechazo del amor: "Ven, si no tu madre no te amará".

Un control psicológico inadecuado afecta negativamente a los niños, reprimiéndolos emocionalmente, alterando su capacidad para establecer conexiones emocionales con otras personas y limitando significativamente el desarrollo de su identidad personal y su autonomía. Los niños criados en condiciones de estricto control psicológico tienen baja autoestima, problemas de regulación emocional y son más propensos que otros a sufrir episodios depresivos.

Raíces en la Psicología Social

Uno de los pilares fundamentales en la comprensión de la manipulación psicológica es la psicología social. Esta rama de la psicología se enfoca en cómo las personas piensan, sienten y se comportan en contextos sociales. Conceptos como la conformidad, la obediencia, el poder social y la influencia interpersonal son fundamentales para entender cómo se ejerce la manipulación.

Por ejemplo, el famoso experimento de Milgram sobre la obediencia a la autoridad reveló cómo las personas pueden obedecer órdenes para infligir dolor a otros simplemente por la presión de una figura de autoridad. Del mismo modo, los estudios de conformidad de Asch demostraron cómo las personas pueden ceder a la presión del grupo y adoptar creencias o comportamientos que difieren de sus propias convicciones.

Principios de la Psicología Cognitiva

La psicología cognitiva, por otro lado, se centra en cómo procesamos la información, tomamos decisiones y percibimos el mundo que nos rodea. Esta área de estudio es esencial para entender por qué ciertas técnicas de manipulación son efectivas y cómo explotan los sesgos cognitivos y las limitaciones de la mente humana.

Los sesgos cognitivos, como la confirmación, la disponibilidad y el sesgo de anclaje, influyen en cómo interpretamos la información y tomamos decisiones. Los manipuladores hábiles pueden aprovechar estos sesgos para dirigir nuestras percepciones y decisiones hacia sus propios objetivos.

Diferenciando la Persuasión de la Manipulación

Persuasión y manipulación son dos conceptos que a menudo se confunden. Si bien ambos apuntan a influir en las decisiones o comportamientos de otros, la diferencia radica en la intención y el método utilizado.

Persuasión:

•	Busca convencer a través de argumentos racionales, información y evidencia.

•	Se basa en el respeto a la autonomía y libertad de elección del otro.

•	Apunta a un beneficio mutuo o al menos no busca perjudicar a la otra persona.

Ejemplos:

•	Un vendedor que presenta las ventajas de un producto sin recurrir a la presión o el engaño.

•	Un profesor que utiliza ejemplos y explicaciones claras para que sus alumnos comprendan un tema.

•	Un político que presenta propuestas basadas en datos y argumentos sólidos.

Manipulación:

•	Busca controlar o explotar a través de técnicas emocionales, engaño o presión.

•	No respeta la autonomía de la otra persona y busca beneficiarse a costa de ella.

•	Puede tener consecuencias negativas para la víctima, como daño emocional, económico o incluso físico.

Ejemplos:

*   Un estafador que utiliza mentiras y artimañas para obtener dinero de la víctima.

*   Una pareja que utiliza la culpa o el chantaje emocional para controlar a la otra.

*   Un líder que utiliza la propaganda y la desinformación para manipular a la opinión pública.

¿Cómo diferenciarlas?

La persuasión se basa en la razón, la manipulación en la emoción.

La persuasión busca un beneficio mutuo, la manipulación busca un beneficio unilateral.

La persuasión respeta la autonomía del otro, la manipulación la anula.

En resumen:

*   Persuadir es convencer con razones.
*   Manipular es controlar con emociones.
*   Es importante ser consciente de estas diferencias para evitar ser víctima de manipulación y para actuar con ética y respeto al influir en otros.

Recuerda:

•	No siempre es fácil identificar la manipulación, pero es importante estar atento a las señales.
•	Si te sientes presionado, coaccionado o engañado, es probable que estés siendo víctima de manipulación.
•	Si crees que estás siendo manipulado, busca ayuda de un profesional o de una persona de confianza.

Lavado de cerebro: cuando la manipulación erosiona la identidad

El lavado de cerebro, también conocido como persuasión coercitiva, es un proceso psicológico complejo que busca controlar y modificar las creencias, valores y comportamientos de un individuo. Se basa en técnicas de manipulación que debilitan la identidad y la capacidad de pensar críticamente, creando una dependencia hacia el manipulador.

¿Cómo funciona el lavado de cerebro?

Las técnicas de lavado de cerebro suelen ser sistemáticas y graduales, y se pueden dividir en cuatro fases:

1. Debilitamiento: Se busca aislar a la persona de su entorno social y familiar, privándola de apoyo y puntos de referencia externos. Se genera un estado de vulnerabilidad a través de la privación sensorial, el abuso físico o psicológico, o la humillación.

2. Inducción: Se introduce la nueva ideología de forma repetitiva y constante, utilizando técnicas como la propaganda, el adoctrinamiento y la coerción. Se apela a las emociones y necesidades básicas del individuo para crear un vínculo de dependencia con el manipulador.

3. Explotación: Se presiona a la persona para que renuncie a sus creencias y valores y adopte los del grupo manipulador. Se le exige obediencia total y se le castiga por cualquier desviación de la norma.

4. Reintegración: Se busca que la persona interiorice la nueva ideología y la defienda como propia. Se le incentiva a participar en actividades de proselitismo y a reclutar a otros para el grupo.

Relación entre lavado de cerebro y manipulación

El lavado de cerebro es una forma extrema de manipulación, pero no se limita a situaciones extremas como sectas o regímenes totalitarios. La manipulación puede estar presente en cualquier tipo de relación, y se caracteriza por:

Control: El manipulador busca tener control sobre la información, las decisiones y las emociones de la otra persona.

Explotación: Se utiliza a la otra persona para obtener beneficios personales, sin importar su bienestar.

Desinformación: Se distorsiona la realidad para confundir y controlar a la otra persona.

¿Cómo protegerse de este tipo de manipulación?

Para protegerse de la manipulación es importante:

Ser consciente de las señales: Desconfía de las personas que intentan controlarte, aislarte o hacerte sentir culpable.

Mantener una red de apoyo: Rodéate de personas que te quieren y te apoyan.

Pensar críticamente: No aceptes información sin analizarla y contrastarla con otras fuentes.

Desarrollar la autoestima: Confía en ti mismo y en tu capacidad para tomar decisiones.

El lavado de cerebro es una forma extrema de manipulación que puede tener graves consecuencias para la salud mental y la identidad de la víctima. Es importante estar atentos a las señales de manipulación y desarrollar herramientas para protegerse.

El Papel de los Ejemplos Históricos y Contemporáneos

Para ilustrar estos conceptos, es útil examinar ejemplos históricos y contemporáneos de manipulación psicológica. Desde campañas de propaganda durante la Segunda Guerra Mundial hasta estrategias de marketing manipuladoras en la era digital, estos casos proporcionan una ventana hacia cómo los individuos y las instituciones han utilizado la manipulación a lo largo de la historia para influir en las masas.

Ejemplos históricos:

Antigua Roma: Los emperadores romanos utilizaban el pan y circo para mantener contentos a las masas. Ofrecían comida gratis y espectáculos públicos para distraer a la población de los problemas políticos y sociales.

Juicios de brujas: En los siglos XVI y XVII, miles de mujeres fueron acusadas de brujería en Europa y América del Norte. A menudo, estas acusaciones eran producto de rencores personales o rivalidades, y las mujeres eran torturadas hasta que confesaban.

Propaganda nazi: El régimen nazi utilizó la propaganda de forma sistemática para manipular a la población alemana. Utilizaron mensajes de miedo, odio y nacionalismo para convencer a la gente de que apoyara la guerra y la persecución de los judíos.

Experimento Milgram: En 1963, Stanley Milgram realizó un experimento para estudiar la obediencia a la autoridad. Los participantes del experimento creían que estaban administrando descargas eléctricas a otra persona, pero en realidad las descargas eran falsas. El experimento mostró que la gente está dispuesta a obedecer a la autoridad incluso cuando les ordena hacer cosas que cree que están mal.

Ejemplos contemporáneos:

Marketing: Las empresas utilizan técnicas de marketing para influir en nuestras decisiones de compra. Utilizan mensajes subliminales, publicidad engañosa y otras técnicas para convencernos de que compremos productos que no necesitamos.

Redes sociales: Las redes sociales pueden ser utilizadas para manipular nuestras opiniones y creencias. Los algoritmos de las redes sociales nos muestran contenido que confirma nuestros sesgos y nos aíslan de información que podría desafiarlos.

Fake news: Las noticias falsas son información falsa o engañosa que se difunde deliberadamente. Las noticias falsas pueden utilizarse para manipular la opinión pública y sembrar la discordia.

Capítulo 2
Técnicas de influencia persuasiva

Técnicas y tácticas básicas de manipuladores no profesionales (domésticos).

Todos los manipuladores (domésticos y profesionales) mantienen su poder sobre las personas mediante manipulación dirigida, abuso y control psicológico coercitivo, tanto continuos como periódicos. Al mantener el control para hacer lo que quieren, los manipuladores se esfuerzan por:

- Evitar escalar el conflicto y sacarlo a la luz.
- Poner al otro a la defensiva en lugar de que ataque al manipulador.
- Hacer dudar a la víctima de sí mismo, de sus capacidades, cualidades y habilidades.
- Oculta sus intenciones egoístas o agresivas.
- Evitar la responsabilidad personal.
- Evitar la necesidad de cambiar nada.

Como resultado de la manipulación, el otro se convierte en una víctima y puede perder la confianza en sí mismo, en sus sentimientos y percepciones, lo que le permite al manipulador controlarlo.

Las técnicas de manipulación pueden incluir agresión abierta como intimidación, amenazas, insultos, humillación, crítica, abuso narcisista, formas sutiles de abuso emocional, abuso físico y castigo.

Las técnicas veladas incluyen: condena, acusación, quejas, comparaciones, regaños, tutorías, persuasión y discusiones, mentiras, silencio, simulación, inducir la autocompasión, fingir ignorancia, jugar a la impotencia, llorar, quejarse, negar, intimidar, chismear, rumores. ridículo, humor, ocurrencias, sarcasmo, etiquetas, menosprecio, chantaje, sabotaje, sobornos, halagos, regalos y favores, seducción y sexo, intelectualización y "hablar abiertamente", suposiciones y preguntas provocativas, provocaciones, chantaje emocional, evasivas, olvido, retrasos, falta de atención, falsa preocupación, simpatía, disculpas.

Muchos de estos comportamientos no son inherentemente dañinos e incluso son apropiados en determinadas circunstancias. Lo que determina si una persona es manipuladora o no, no está determinado por el comportamiento en sí, sino por el contexto en el que se utiliza el comportamiento y la intención detrás de la acción o las palabras. Una intención se vuelve manipuladora cuando está impulsada por un deseo oculto y no declarado que está diseñado para engañar a otra persona e influir en sus percepciones, creencias, emociones y, en última instancia, obligarla a realizar o negarse a realizar alguna acción.

La capacidad de persuadir a otros para que adopten ciertas creencias, actitudes o comportamientos es una habilidad poderosa que se utiliza en una variedad de contextos, desde la publicidad y el marketing hasta la política y las relaciones personales. Las técnicas de influencia persuasiva son herramientas clave en el arsenal de comunicadores y líderes, y comprender cómo funcionan puede ser invaluable en un mundo donde la persuasión es omnipresente.

1. Establecimiento de Credibilidad:

Una técnica fundamental de influencia persuasiva es el establecimiento de credibilidad. Las personas tienden a ser más receptivas a los mensajes de aquellos que perciben como expertos, autoridades o personas confiables en el tema en cuestión. Por lo tanto, es crucial que el comunicador presente su argumento de manera convincente, respaldado por evidencia sólida y credenciales relevantes.

2. Apelación a la Emoción:

Otra técnica poderosa es apelar a las emociones del público objetivo. Las emociones como el miedo, la felicidad, la tristeza o la ira pueden influir significativamente en las decisiones y acciones de las personas. Los comunicadores persuasivos utilizan historias emotivas, imágenes impactantes y metáforas evocadoras para conectar emocionalmente con su audiencia y motivarlos a actuar de cierta manera.

3. Creación de Escasez y Urgencia:

La creación de escasez y urgencia es una técnica comúnmente utilizada en ventas y marketing. Al presentar una oferta como limitada en tiempo o cantidad, se aumenta la percepción de valor y se motiva a las personas a tomar medidas rápidas para aprovechar la oportunidad antes de que desaparezca. Esta técnica activa el principio psicológico de la pérdida aversiva, donde las personas valoran más lo que podrían perder que lo que podrían ganar.

4. Uso de la Reciprocidad:

La reciprocidad es un principio psicológico poderoso que establece que las personas tienden a devolver favores y actos de amabilidad. Los comunicadores persuasivos pueden aprovechar este principio ofreciendo algo de valor de forma gratuita o realizando un gesto generoso antes de pedir algo a cambio. Esto crea un sentido de obligación y aumenta la probabilidad de que la persona responda positivamente a la solicitud.

5. Consistencia y Compromiso:

Las personas tienden a actuar de manera coherente con sus compromisos anteriores y sus identidades auto-percibidas. Los comunicadores persuasivos pueden aprovechar este principio haciendo que las personas se comprometan públicamente con una idea, objetivo o acción específica. Una vez que una persona se compromete verbalmente o por escrito, es más probable que siga adelante con ese compromiso para mantener la coherencia con su imagen de sí misma.

6. Presentación de Evidencia Social:

La presentación de evidencia social implica mostrar a las personas que otros, especialmente aquellos que son similares a ellos, han adoptado ciertas creencias o comportamientos. Este fenómeno se basa en el principio de que las personas tienden a seguir el ejemplo de aquellos que perciben como similares o que están en una situación similar. Testimonios, reseñas y casos de estudio son formas efectivas de utilizar la evidencia social para influir en las actitudes y comportamientos de las personas.

Las técnicas de la manipulación

Estas son las técnicas de manipulación más comunes:

1. Gaslighting:

Es una forma de manipulación psicológica en la que el manipulador busca hacer dudar a la víctima de su propia percepción de la realidad. Lo hace negando hechos, distorsionando la información o mintiendo descaradamente.

Ejemplo: Una persona manipuladora puede negar haber dicho algo que sí dijo, o puede acusar a la víctima de estar imaginando cosas.

2. Luz de gas:

Similar al gaslighting, la luz de gas busca desorientar a la víctima y hacerla sentir insegura. El manipulador utiliza comentarios sarcásticos, insultos o burlas para minar la autoestima de la víctima.

Ejemplo: Una persona manipuladora puede hacer comentarios sobre la apariencia de la víctima, su inteligencia o sus habilidades.

3. Proyección:

El manipulador atribuye sus propios pensamientos, sentimientos o acciones a la víctima. Esto puede ser una forma de negar su propio comportamiento negativo o de hacer que la víctima se sienta culpable.

Ejemplo: Una persona manipuladora que es infiel puede acusar a la víctima de ser infiel.

4. Triangulación:

El manipulador involucra a una tercera persona en la relación para crear tensión o conflicto. Esto puede ser una forma de controlar a la víctima o de aislarla de sus seres queridos.

Ejemplo: Una persona manipuladora puede hablar mal de la víctima a sus amigos o familiares.

5. Silent treatment:

El manipulador deja de hablar o comunicarse con la víctima como forma de castigo o control. Esto puede ser muy doloroso y confuso para la víctima.

Ejemplo: Una persona manipuladora puede dejar de hablar con la víctima durante días o incluso semanas.

6. Culpabilización:

El manipulador hace que la víctima se sienta culpable por sus propios sentimientos o acciones. Esto puede ser una forma de controlar a la víctima o de evitar responsabilidades.

Ejemplo: Una persona manipuladora puede culpar a la víctima por su comportamiento agresivo.

7. Amortización:

El manipulador hace pequeños favores o regalos a la víctima para compensar su comportamiento negativo. Esto puede ser una forma de manipular a la víctima para que se quede en la relación o para que perdone su comportamiento.

Ejemplo: Una persona manipuladora que ha sido infiel puede comprarle flores a la víctima como forma de pedir perdón.

Es importante recordar que estas son solo algunas de las técnicas de manipulación más comunes. Los manipuladores pueden utilizar una variedad de técnicas para controlar y explotar a sus víctimas.

Si crees que estás siendo víctima de manipulación, es importante buscar ayuda profesional. Un terapeuta puede ayudarte a identificar las técnicas de manipulación que se están utilizando en tu contra y a desarrollar estrategias para protegerte.

Las técnicas de persuasión en la publicidad

La publicidad tiene como objetivo principal influir en el comportamiento del consumidor, y para ello utiliza una serie de técnicas de persuasión. Algunas de las más comunes son:

1. La apelación emocional:

Humor: Un anuncio divertido puede ser más memorable y efectivo que uno serio.

Miedo: Los anuncios que apelan al miedo pueden ser muy persuasivos, especialmente si el miedo es a algo que el consumidor ya tiene.

Sentimientos positivos: Los anuncios que crean sentimientos positivos, como la felicidad o la nostalgia, también pueden ser muy persuasivos.

2. La prueba social:

Testimonios: Los anuncios que presentan testimonios de clientes satisfechos pueden ser muy persuasivos.

Endosos: Los anuncios que presentan a celebridades o expertos que avalan el producto también pueden ser persuasivos.

Cifras y estadísticas: Usar datos para mostrar que el producto es popular o efectivo puede ser una forma efectiva de persuasión.

3. La escasez y la urgencia:

Ofertas por tiempo limitado: Crear una sensación de urgencia puede motivar al consumidor a comprar el producto de inmediato.

Ediciones limitadas: Ofrecer un producto en edición limitada puede aumentar su atractivo.

Descuentos y promociones: Ofrecer un descuento o una promoción puede ser una forma efectiva de persuadir al consumidor a comprar el producto.

4. La reciprocidad:

Regalos: Ofrecer un regalo a cambio de la compra de un producto puede ser una forma efectiva de persuasión.

Muestras gratis: Ofrecer una muestra gratis del producto puede convencer al consumidor de comprarlo.

Pruebas gratuitas: Ofrecer una prueba gratuita del producto puede ser una forma efectiva de persuadir al consumidor de que lo compre.

5. La autoridad:

Expertos: Usar a un experto para avalar el producto puede ser una forma efectiva de persuasión.

Celebridades: Usar a una celebridad para promocionar el producto puede ser una forma efectiva de persuasión.

Instituciones: Usar el logo de una institución reconocida puede aumentar la credibilidad del producto.

Es importante ser conscientes de las técnicas de persuasión que se utilizan en la publicidad para poder tomar decisiones de compra más informadas.

Consejos para evitar ser persuadido por la publicidad:

No se deje llevar por las emociones. Analice el producto o servicio de forma racional antes de comprarlo.

Investigue el producto o servicio antes de comprarlo. Lea opiniones de otros consumidores y compare precios.

No se deje presionar por la sensación de urgencia. Si no está seguro de si quiere comprar un producto, espere a tener más tiempo para pensarlo.

Sea crítico con la información que se presenta en la publicidad. No crea todo lo que lea o escuche.

La publicidad puede ser una herramienta útil para los consumidores, pero es importante ser consciente de las técnicas de persuasión que se utilizan para poder tomar decisiones de compra informadas.

Las técnicas de persuasión en la política

La persuasión es un elemento fundamental en la política. Los políticos utilizan diversas técnicas para influir en la opinión pública y conseguir el apoyo de los ciudadanos.

Técnicas de persuasión:

Argumentos racionales: Los políticos utilizan argumentos racionales para convencer a los ciudadanos de que sus ideas son las mejores. Presentan datos, estadísticas y ejemplos para apoyar sus argumentos.

Emociones: Los políticos también apelan a las emociones de los ciudadanos para generar apoyo. Utilizan historias inspiradoras, imágenes emotivas y lenguaje que despierta sentimientos como el miedo, la esperanza o la ira.

Credibilidad: Los políticos intentan construir su credibilidad para que los ciudadanos confíen en ellos. Se presentan como personas honestas, competentes y con experiencia.

Repetición: Los políticos repiten sus mensajes clave una y otra vez para que los ciudadanos los recuerden y los asocien con ellos.

Simplificación: Los políticos simplifican los problemas complejos para que los ciudadanos los entiendan fácilmente. A menudo utilizan eslóganes y frases cortas que son fáciles de recordar.

Testimonios: Los políticos utilizan testimonios de personas influyentes o de ciudadanos comunes para apoyar sus ideas.

Humor: El humor puede ser una herramienta eficaz para conectar con los ciudadanos y hacer que sus mensajes sean más memorables.

Ejemplos de técnicas de persuasión en la política:

Un político que utiliza datos y estadísticas para demostrar que su plan económico creará empleos.

Un candidato que utiliza una historia personal conmovedora para conectar con los votantes.

Un líder político que se presenta como un protector del pueblo.

Un partido político que utiliza un eslogan simple y pegadizo para su campaña.

Un famoso que apoya a un candidato en particular.

Un político que utiliza el humor para criticar a su oponente.

Es importante ser conscientes de las técnicas de persuasión que utilizan los políticos para poder evaluar críticamente sus mensajes. No debemos dejarnos llevar por las emociones o por la simple repetición de un mensaje.

Consejos para evaluar críticamente los mensajes persuasivos:

Presta atención a los argumentos que se presentan. ¿Son racionales y están basados en hechos?

Considera la fuente del mensaje. ¿Es alguien creíble y confiable?

Analiza el lenguaje que se utiliza. ¿Se apela a las emociones o al miedo?
Compara el mensaje con otras fuentes de información. ¿Hay otras perspectivas que no se están considerando?

Piensa por ti mismo. No te dejes llevar por la presión social o por la opinión de la mayoría.

Ser un ciudadano crítico es esencial para una democracia saludable. Al ser conscientes de las técnicas de persuasión y al evaluar críticamente los mensajes políticos, podemos tomar decisiones informadas y responsables.

Técnicas de manipulación o persuasión utilizando la PNL

La Programación Neurolingüística (PNL) es un conjunto de técnicas que se basa en la idea de que nuestros pensamientos, emociones y comportamientos están moldeados por nuestro lenguaje y nuestra experiencia sensorial.

1. Anclaje
2. Modelado
3. Uso del Lenguaje
4. Calibración

El lenguaje desempeña un papel crucial en la persuasión. Mediante el uso de palabras y frases específicas, es posible influir en las creencias y emociones de las personas. La PNL sugiere el uso de lenguaje positivo y orientado hacia soluciones para generar un impacto efectivo.

Ejemplo: Un coach de vida utiliza afirmaciones positivas y motivadoras durante una sesión con su cliente. En lugar de decir "No puedes permitirte cometer errores", utiliza "Puedes aprender y crecer de cada experiencia, incluso de los errores". Este enfoque alienta al cliente y lo empodera para enfrentar desafíos con una mentalidad positiva.

Técnicas de PNL para la persuasión:

Rapport: Es la creación de una conexión y confianza con la otra persona. Se puede lograr mediante la sincronización de la postura, el tono de voz y el ritmo respiratorio.

Calibración: La calibración implica observar y reconocer los cambios sutiles en el lenguaje corporal, la voz y las expresiones faciales de una persona para adaptar el enfoque de comunicación y mantener la conexión. Al estar atento a las señales no verbales, es posible ajustar el mensaje para maximizar su impacto.

Ejemplo: Durante una negociación, un empresario nota que su contraparte frunce el ceño ligeramente cuando se mencionan ciertos términos. En lugar de insistir en esos puntos, adapta su enfoque y presenta alternativas que generen una respuesta más positiva en la otra parte.

Anclajes: Se pueden utilizar para crear emociones positivas o negativas en la otra persona. El anclaje es una técnica que asocia un estímulo con una respuesta emocional específica. Consiste en vincular una experiencia emocional intensa con un estímulo externo, como un gesto, una palabra o una imagen. Una vez establecido el anclaje, el estímulo puede activar la respuesta emocional deseada.

Ejemplo: Un vendedor quiere crear una asociación positiva con su producto en la mente del cliente. Durante la presentación, cada vez que el cliente exprese interés o emoción, el vendedor toca sutilmente su hombro. Con el tiempo, el simple toque del vendedor activará la sensación de interés y emoción en el cliente, aumentando las posibilidades de venta.

Milton Model: Es un conjunto de patrones de lenguaje que se utilizan para crear ambigüedad e incertidumbre en la otra persona. Esto puede hacerla más susceptible a la persuasión.

Preguntas metamodelo: Son preguntas que se utilizan para obtener información sobre cómo la otra persona piensa y siente.

Reencuadre: Es la reinterpretación de una situación o evento de una manera más positiva o favorable.

Ejemplos de técnicas de PNL en la vida cotidiana:

Un vendedor que utiliza el rapport para crear una conexión con un cliente potencial.

Un profesor que utiliza la calibración para observar las necesidades de aprendizaje de sus alumnos.

Un terapeuta que utiliza anclas para ayudar a un paciente a superar una fobia.

Un abogado que utiliza el Milton Model para crear duda en un jurado.
Un gerente que utiliza preguntas metamodelo para comprender las motivaciones de un empleado.

Un político que utiliza el reencuadre para presentar una política impopular de una manera más positiva.

Es importante tener en cuenta que la PNL no es una herramienta mágica. No puede usarse para controlar a las personas o para hacer que hagan algo que no quieren hacer. Sin embargo, puede ser una herramienta útil para mejorar la comunicación, la persuasión y la influencia.

Consejos para usar la PNL de manera ética

Utiliza la PNL para crear relaciones positivas y de confianza.

Respeta la autonomía y la libertad de elección de las demás personas.

No uses la PNL para manipular o explotar a otras personas.

Sé honesto y transparente en tus intenciones.

La PNL puede ser una herramienta poderosa para el bien o para el mal. Es importante usarla de manera responsable y ética.

Capítulo 3
Manipulación
en relaciones personales

Las relaciones personales son el tejido conectivo de nuestras vidas, brindando apoyo emocional, compañerismo y un sentido de pertenencia. Sin embargo, en ocasiones, estas relaciones pueden verse empañadas por la presencia de manipulación, un fenómeno que puede erosionar la confianza, minar la autoestima y distorsionar la dinámica relacional. En este capítulo, exploraremos cómo se manifiesta la manipulación en las relaciones personales y cómo podemos abordar este desafío.

Identificando la Manipulación

La manipulación en las relaciones personales puede adoptar muchas formas, desde tácticas sutiles hasta estrategias más directas. Algunos ejemplos comunes incluyen el uso de la culpa para obtener lo que se quiere, la manipulación emocional para controlar a la pareja, o el uso de la victimización para obtener simpatía y atención.

El control psicológico destructivo como forma de manipulación

Si alguien comienza a controlar sus creencias, emociones y comportamiento, entonces simplemente le está robando parte de su propio Ser. De hecho, al sucumbir obedientemente a la manipulación de sus padres, jefe o la "cabeza parlante" de la televisión, deja de ser usted mismo con toda su originalidad. Empieza a intentar cambiar sus verdaderos sentimientos sinceros, sus verdaderas creencias por aquellas que sean beneficiosa para los demás. Incluso si se convence a nivel de conciencia de que "negro" es "blanco", entonces, a nivel subconsciente, madurará en su alma un conflicto entre la necesidad de pensar una cosa, decir otra y sentir una tercera. Debido a conflictos internos, pueden ocurrir trastornos psicosomáticos (úlcera péptica, hipertensión), puede comenzar a sufrir vergüenza, culpa, abnegación y disminución de la autoestima. Si ve o siente que está en una relación así, sepa que está siendo manipulado y controlado.

Ejemplos de manipulación y control psicológico

Sentirse controlado por otra persona puede ser uno de los peores sentimientos de la vida. Toda persona por naturaleza tiene derecho a la libertad de sentimientos, emociones y creencias. El control limita nuestra capacidad para explorar el mundo que nos rodea, desarrollarnos y crecer a nuestra manera, tomar nuestras propias decisiones y aprender de sus consecuencias. Un control psicológico inadecuado puede destruir las relaciones (personales y profesionales), destruir la confianza y conducir a reacciones defensivas pasivas o agresivas activas. Esto es cierto no sólo en el nivel de las relaciones interpersonales, en el nivel de las relaciones entre la sociedad y las instituciones estatales.

El control adecuado necesario (tanto a nivel personal como social) debe equilibrarse con el respeto a los límites personales y la autonomía, la compasión, la comprensión y la paciencia. Sin estas cosas, el control psicológico y conductual necesario se convierte en una dictadura que convierte a la gente en esclava. Los sentimientos de inseguridad, la baja autoestima, los sentimientos de culpa impuestos, la necesidad de poner excusas constantemente, la confusión mental son marcadores emocionales de relaciones personales, comerciales o sociales destructivas en las que te manipulan e intentan controlarte.

¿Por qué la gente intenta controlar?

Esto es lo que normalmente hace que algunas personas controlen el comportamiento de otras:

• Sus propios sentimientos de impotencia e insignificancia,
• El deseo de convertir las acciones de otras personas en beneficio propio.
• Intenta ocultar los propios defectos.
• Intenta evadir la responsabilidad, la necesidad de actuar,
• El deseo de deshacerse de sus propias ansiedades, que no pueden afrontar por sí solos.
• Con la esperanza de asegurarse de que nunca los abandonarán ni los rechazarán.

- Miedos profundamente arraigados a no ser atractivo para uno mismo o para los demás.

Signos de control psicológico en las relaciones privadas, comerciales y públicas.

Una persona u organización controladora a menudo exagera la gravedad de la situación y utiliza palabras como "siempre" o "nunca" para describirse a sí misma o a los demás: "¡Nunca me amaste!", "¡Siempre me esforcé por ti!", "Política Internacional: ¡La situación es muy tensa!

El controlador soborna con halagos, favores, ayudas o regalos: "¡Tienes tanto talento!"

La persona manipuladora bombardea con expectativas, reglas o deseos. A menudo, éste es el tipo de control psicológico más difícil. Cualquier encuentro con una persona así puede parecer un trabajo duro, en el que es necesario cumplir con las expectativas y no causar decepción: "¡Cariño, eres el hombre ideal con el que he soñado toda mi vida!", "Si me porto bien, lo harás". ¿Llévame a Bali?", "Debes ser la mejor (hermosa, rica, genial)", "¿No quieres decepcionarnos?"

El manipulador te cuida como a un niño, en primer lugar, controlando dónde estás y qué estás haciendo. Si se siente incómodo por el control constante e intrusivo, entonces esto ya no es una preocupación, sino un intento de controlarlo.

Una persona que controla a los demás apela a miedos básicos (emocionales, físicos y financieros) con sus palabras y acciones: "¿Quieres que te dejen solo?", "¿Quieres quedarte sin dinero, sin trabajo y sin amigos?", "¿Qué quieres en París?", "Esto es por tu propia seguridad".

Una persona controladora te recuerda constantemente su máxima importancia, afirmando una posición de poder y dominio en la relación. "Aprendes de mí", "Los huevos no le enseñan a la gallina", "Si no soy yo, ¿quién?", "¡Este no es lugar para discutir!"

Una persona controladora no da la oportunidad de responder sobre el fondo durante las discusiones, cortándote, reprimiéndote y "burlándose" de ti: "¿Cuál será tu decisión positiva?", "Está bien, firma rápidamente aquí y aquí", "¡No discutamos!", "Si la abuela fuera abuelo..."

Una persona controladora intenta bajar la autoestima del otro y provocar un sentimiento de culpa: "¡Arruinaste mi vida!", "¿Quién eres?", "¿Qué has hecho por la Patria?"

Una persona controladora se enfrenta entre sí a familiares, empleados, grupos sociales u otros grupos de personas, utilizando motivos viles: "¡Gutiérrez, va a cambiar su segundo coche en un año!"

Una persona controladora suele apelar a valores absolutos. Se utilizan estrictas normas religiosas o morales y éticas para inducir sentimientos de culpa: "¡Eres un creyente!", "¡Eres comunista!", "¡Deja tu orgullo y muestra la debida humildad!".

Una persona controladora se niega a admitir la culpa por sus propias acciones y errores, transfiriéndola a los demás: "¡Arruinaste mi vida!", "Empieza por ti mismo", "¡Son todas las maquinaciones del Departamento de Estado!".

Cuando se interactúa con una persona controladora, uno se siente utilizado, intimidado, culpable y avergonzado.

Una persona controladora sólo es amable y complaciente con uno, cuando quiere algo a cambio.

Dinámicas de Poder y Control

La manipulación en las relaciones a menudo se basa en dinámicas de poder y control. El manipulador puede intentar ejercer control sobre la otra persona al limitar su autonomía, restringir su libertad o manipular sus emociones. Esto puede crear un desequilibrio de poder en la relación, donde una parte tiene un control injusto sobre la otra.

La manipulación social

La manipulación emocional es un proceso en el cual una persona intenta influir o controlar las emociones, pensamientos o comportamientos de otra persona con el fin de obtener una ventaja o lograr sus propios objetivos. Puede manifestarse de diversas formas y a menudo implica el uso de tácticas sutiles o engañosas.

Algunos ejemplos de manipulación emocional incluyen:

Culpa y Victimización: El manipulador puede hacer que la otra persona se sienta culpable o responsable por algo, incluso cuando no lo es. Esto puede llevar a la víctima a actuar de acuerdo con los deseos del manipulador.

Intimidación y Amenazas: El manipulador puede utilizar el miedo o la intimidación para controlar a la otra persona. Esto puede incluir amenazas verbales o físicas.

Juegos Mentales: El manipulador puede jugar con las emociones de la víctima, como hacerla sentir insegura, celosa o confundida. Esto puede debilitar la autoestima y la confianza de la víctima.

Seducción y Encanto: Algunos manipuladores utilizan su encanto o atractivo para ganarse la confianza de la otra persona y luego manipularla.

Silencio y Retirada de Afecto: El manipulador puede ignorar o retirar el afecto como una forma de castigo o control. Esto puede hacer que la víctima busque la aprobación o haga concesiones para recuperar la atención.

Es importante reconocer los signos de manipulación emocional y establecer límites saludables en las relaciones para protegerse contra este tipo de comportamiento.

Tipología de personas manipuladoras

Everett Leo Shostrom, un psicólogo y experto en comunicación interpersonal, desarrolló una tipología de personas manipuladoras que se centra en cómo utilizan diferentes estrategias de influencia para controlar a los demás. Según Shostrom, estos son los tipos principales de manipuladores:

El seductor: Este tipo de manipulador utiliza el encanto, la adulación y la persuasión para influir en los demás. Son expertos en hacer que las personas se sientan especiales y deseadas, lo que los hace más receptivos a sus deseos y demandas.

El complaciente: Pegajoso, es una persona manipuladora que exagera su dependencia, debilidad e incapacidad. Esta es una persona que quiere obligar a los demás a preocuparse por ella. El beneficio es trasladar las preocupaciones a los hombros de otra persona. Subtipos del manipulador pegajoso: Parásito, Quejica, Niño Eterno, Hipocondríaco, Dependiente, Indefenso, Sufridor, Infeliz. Los manipuladores complacientes buscan agradar a los demás para obtener lo que quieren. Son serviciales y atentos, pero su aparente generosidad puede ser una táctica para manipular a los demás para que hagan lo que ellos desean.

El intimidador: Un matón es un manipulador que utiliza una agresividad, crueldad y mala voluntad exageradas para controlar a otras personas. Controla con la ayuda de varios tipos de amenazas. Subtipos del manipulador-Hooligan: Insultor, Hater, Gangster,

Amenazador, Mujer griñona. Pueden ser intimidantes físicamente o emocionalmente, haciendo que las personas se sientan temerosas de desafiar sus deseos.

El Dictador: persona que exagera sus fortalezas y capacidades para sí y para los demás, domina y ordena controlar a sus víctimas, no tolera objeciones ni insubordinaciones. Hay subtipos estables de Dictador: Líder, jefe, Predicador, Ayudante de Dios.

El racionalizador: Calculador, exagera la necesidad de mantener todo y a todos bajo su control constantemente. Trata a todos y a todo con desconfianza, intentando siempre comprobarlo todo. Él sabe mejor que los demás que la gente puede engañar, porque él mismo, ante todo, engaña, evade y miente. Subtipos típicos de este manipulador: empresarial, estafador, jugador, anunciante, chantajista. Este tipo de manipulador utiliza la lógica y la razón para justificar sus acciones y convencer a los demás de que hagan lo que él quiere. Pueden distorsionar la verdad o manipular la información para respaldar sus argumentos y persuadir a los demás.

El sufrido: La pareja más habitual con el Dictador suele ser su víctima y una completa antípoda. A menudo se encuentra en tándems familiares manipulándose entre sí. El que se considera un "trapo" exagera su sensibilidad y pasividad, mostrando técnicas características: olvido, pasividad, silencio, demostrando baja autoestima. Subespecie del "trapo": sospechoso, estúpido, camaleónico, conformista, confundido, retraído. Los manipuladores sufridos se victimizan a sí mismos para obtener la simpatia y la atención de los demás. Pueden exagerar sus problemas o dificultades para manipular a otros para que les ayuden o hagan concesiones en su favor.

El buen chico: es una persona que exagera su cariño, amor y atención. Si el Dictador usa el mal para controlar a los demás, el Buen Chico usa el bien para controlar a los demás. Tratar con él suele ser más difícil porque las manipuladoras intenciones del Buen Chico no están en la superficie, y es mucho más difícil atraparlo en manipulación. Curiosamente, en cualquier conflicto entre un matón y un buen tipo, el matón pierde. Subtipos de manipulador: Obsequioso, Moralista Virtuoso, Representante del público o representante de la organización.

El juez: Es una persona obsesionada con la crítica. No confía en nada ni en nadie, siempre busca el mal, acusa, se indigna y no sabe perdonar. Subtipos de manipulador: Omnisciente, Acusador, Verificador, Recolector de Pruebas. Tasador, vengador, obligado a admitir la culpa.

El Defensor: es exactamente lo opuesto al Juez. Una persona que se gana a los demás con su apoyo, preocupación por las necesidades de los demás y paciencia a la hora de cometer errores. Obtiene control al no darle a la gente la oportunidad de desarrollar su independencia, haciendo que la gente lo necesite constante. Subtipos de manipulador: Salvador, Sugar Daddy, Mamá Gallina con pollitos, Consolador, Patrón, Mártir, Ayudante, Desinteresado.

Estas categorías proporcionan una visión de cómo diferentes tipos de manipuladores emplean diversas estrategias para lograr sus objetivos. Reconocer estos patrones puede ayudar a las personas a protegerse de la manipulación y establecer límites saludables en sus relaciones interpersonales.

Perfiles de los manipuladores

En general existen tres perfiles de manipuladores que resultan los más comunes: el narcisista, el psicópata y el controlador. Es importante comprender que estos son solo ejemplos, y que existen muchos otros tipos de manipuladores.

1. El narcisista:

Los narcisistas son personas con un gran sentido de grandiosidad y una necesidad constante de admiración. Suelen ser muy encantadores y carismáticos, pero también pueden ser muy exigentes y explotadores. A menudo manipulan a las personas para obtener lo que quieren, ya sea atención, reconocimiento o poder.

Características del narcisista:

Sentido inflado de importancia
Necesidad de admiración
Falta de empatía
Explotación de las relaciones
Grandiosidad
Arrogancia

2. **El psicópata:**

Los psicópatas son personas que carecen de empatía y remordimiento. A menudo son muy inteligentes y encantadores, pero también pueden ser muy peligrosos. Manipulan a las personas para obtener lo que quieren, sin importar el daño que puedan causar.

Características del psicópata:

Encanto superficial
Falta de empatía
Impulsividad
Mentiras patológicas
Manipulación
Conducta criminal

3. **El controlador:**

Los controladores son personas que necesitan tener el control de todo y de todos. A menudo son muy inseguros y celosos. Manipulan a las personas para poder manejarlas, y pueden ser muy posesivos y abusivos.

Características del controlador:

Necesidad de control
Inseguridad
Celos
Posesividad
Abuso emocional

Es importante recordar que no todos los manipuladores encajan perfectamente en estos perfiles. Algunos manipuladores pueden mostrar características de dos o más tipos. Lo importante es ser consciente de las señales de manipulación y tomar medidas para protegerse.

Consejos para protegerse de los manipuladores

Establece límites claros.
No te dejes intimidar.
Confía en tu instinto.
Habla con alguien de confianza.
Si te sientes amenazado, busca ayuda profesional.

Si crees que estás siendo víctima de manipulación, no estás solo. Hay muchas personas que han pasado por lo mismo y hay recursos disponibles para ayudarte.

Principales tipos de esquemas de influencia manipuladora.

E. Shostrom identifica cuatro tipos principales de sistemas manipulativos:

1.   Un manipulador activo intenta controlar a los demás mediante métodos activos, sin mostrar nunca debilidad. Se trata de una persona que siempre domina las interacciones, aprovechándose de la falta de fuerza, conocimientos o habilidades de los demás. Utiliza su posición social u oficial, su rango con fines egoístas, derrotando al enemigo: este es un padre, un oficial de

seguridad, un funcionario, un sargento mayor, un maestro, un jefe, un superior. Técnica utilizada: "obligaciones y expectativas", el principio de la tabla de rangos. La principal filosofía de un manipulador activo: dominar a toda costa.

2. Un manipulador pasivo se presenta a sí mismo como una persona indefensa, inepta e insuficientemente inteligente. Lograr el control deseado no a través de victorias, sino a través de derrotas. Cuando se combina con un manipulador activo, el pasivo gana, lo que permite al manipulador activo pensar y trabajar para él. El letargo y la pasividad son las principales armas de tal manipulador. Roles pasivos de los manipuladores: estudiante, principiante, señorita de muselina, enfermo, desafortunado, herido, etc. La filosofía de un manipulador pasivo es nunca causar irritación.

3. El manipulador competitivo juega o lucha constantemente con otros, percibiendo a las personas como rivales o enemigos, reales o potenciales. Puede utilizar técnicas tanto activas como pasivas. La filosofía de un manipulador competitivo es ganar a cualquier precio.

4. Un manipulador indiferente juega con la indiferencia y el desinterés, declarando su eslogan principal "No me importa". Puede usar tácticas pasivas o activas, interpretando a la Mujer Gruñona o al Mártir del Amor. El juego de manipulación más típico es la "Amenaza de divorcio" para retener a la pareja. Pero una amenaza es siempre un intento de controlar a una persona, y no un deseo de cumplir la amenaza en sí, de la que el propio manipulador saldrá perdiendo. La

filosofía del manipulador indiferente es rechazar el cuidado.

Impacto en la Autoestima y la Confianza

La manipulación puede tener un impacto devastador en la autoestima y la confianza de la persona que está siendo manipulada. Las tácticas manipulativas pueden hacer que la persona se sienta insegura, indefensa o dudosa de sí misma. Con el tiempo, esto puede erosionar su sentido de valía personal y su capacidad para confiar en sus propios juicios y decisiones.

Ciclos de Manipulación y Abuso

En algunos casos, la manipulación en las relaciones puede evolucionar hacia formas más graves de abuso emocional, verbal o incluso físico. Los ciclos de manipulación y abuso pueden atrapar a la persona en un patrón de comportamiento dañino, donde el manipulador ejerce control sobre ellos y luego los manipula para permanecer en la relación.

Abordando la Manipulación en las Relaciones

Abordar la manipulación en las relaciones personales puede ser un desafío, pero es un paso crucial para restaurar la salud y la integridad de la relación.

Comunicarse abierta y honestamente sobre los comportamientos manipulativos, establecer límites claros y buscar apoyo externo son pasos importantes para abordar este problema.

Para prevenir la manipulación en las relaciones personales, es fundamental cultivar relaciones basadas en el respeto mutuo, la confianza y la comunicación abierta. Fomentar la empatía, la comprensión y el compromiso con el bienestar del otro puede fortalecer el vínculo entre las personas y crear un entorno relacional saludable y equilibrado.

La manipulación en las relaciones personales es un fenómeno complejo y dañino que puede socavar la salud y la felicidad de las personas involucradas. Reconocer los signos de manipulación, establecer límites claros y buscar ayuda cuando sea necesario son pasos importantes para abordar este problema y cultivar relaciones personales saludables y gratificantes.

Capítulo 4
Manipulación
en los medios de comunicación

La política y los medios de comunicación juegan un papel crucial en la formación de opiniones, actitudes y percepciones en la sociedad. Sin embargo, detrás de la apariencia de objetividad y neutralidad, a menudo se esconde un fenómeno insidioso: la manipulación. En este capítulo, exploraremos cómo se manifiesta la manipulación en estos ámbitos. sociales.

Manipulación psicológica en la política

Aunque el objetivo de la manipulación política es, en última instancia, exactamente el mismo que la publicidad comercial, la diferencia radica en que, en política, a cambio de su dinero usted no recibe un producto o servicio específico (en política lo más frecuente es que le vendan promesas y esperanzas poco realistas), incluso si esto contradice sus verdaderos deseos y aspiraciones.

Al caer bajo control psicológico, la mayoría de las personas no preparadas reaccionan de una manera completamente esperada y beneficiosa para el manipulador: se sienten culpables, se sienten poco importantes, comienzan a dudar de sí mismos, pierden autonomía y límites personales, experimentan emociones negativas hacia ellos mismos o hacia los demás, muestran agresión externa o reaccionan de una manera inaceptable.

¡Importante! Experimentar emociones negativas después de comunicarse con una persona, un grupo de personas o ponerse en contacto con los medios de comunicación es el marcador más importante (bandera roja) de que ha sido sometido a manipulación oculta o abierta, es decir, un intento de controlarlo en contra de su propia voluntad y de sus creencias.

Sin embargo, comprender la esencia de la manipulación, sus mecanismos y los verdaderos objetivos de las personas que lo controlan le darán la fuerza para seguir siendo usted mismo y vivir su propia vida en su propio interés, y no por el bien de la "paz mundial".

¿Quién suele manipularle?

En casa, en la familia, entre seres queridos y amigos, en el trabajo o en la escuela, los manipuladores no profesionales suelen tratar de controlarle: personas con ciertos rasgos de personalidad agudizados, que han experimentado un trauma psicológico que finalmente condujo a la formación de un sistema patológico de su defensa psicológica: a través del control que rodea a las personas, logrando poder y dominio, como medio de protección contra sus miedos más profundos y su ansiedad crónica, su baja autoestima y su identidad propia destruida.

En la mayoría de los casos, se trata de personas con trastornos de la personalidad: personalidad límite, narcisista, sociópata, psicopático, asocial. Estas personas pueden utilizar tácticas de manipulación tanto conscientes como inconscientes, que desarrollaron como medio de adaptación y supervivencia en las condiciones desfavorables en las que les tocó vivir. Por ejemplo, entre los manipuladores se encuentran a menudo niños de familias monoparentales, huérfanos, niños en orfanatos, presos, miembros de comunidades criminales, sectas religiosas, agentes del orden, drogadictos y alcohólicos, y empresarios. A menudo, estas personas se distinguen por un estilo de manipulación pasivo-agresivo, cuando la ira y la hostilidad se expresan de forma oculta, indirecta y condicionalmente aceptable:

Ejemplos de agresión pasiva en el habla.

En la vida pública, las manipulaciones psicológicas son a mayor escala y están organizadas por profesionales: "ingenieros de las almas humanas": psicólogos, psiquiatras, periodistas y publicistas, bloggers, influencers y trolls, directores, especialistas en publicidad, relaciones públicas, ministros de todo tipo cultos, política, servicios de inteligencia. La manipulación es un arma psicológica (guerra psicológica) para librar guerras psicológicas en el mundo real y virtual. Una forma extremista de arma psicológica es el terrorismo: su objetivo es cambiar el comportamiento de estados y sociedades enteras para sus propios fines. A nivel psicológico, esto también es manipulación.

Manipulación psicológica profesional en publicidad y política

Las manipulaciones psicológicas en los medios, la vida pública y política son llevadas a cabo por verdaderos profesionales en su campo. El problema de la mala manipulación en la publicidad o la política suele radicar en el hecho de que los propios "ingenieros de las almas humanas" están bajo presión manipuladora de clientes y políticos, lo que conduce a una interacción contraproducente entre los altos funcionarios y los artistas.

La publicidad profesional y la propaganda política utilizan una combinación de persuasión racional y emocional (el espectro de persuasión). La influencia manipuladora sobre la audiencia (sociedad) suele comenzar con las de persuasión menos racionales (esencialmente coerción), que son medidas capaces de influir en la mayoría de la sociedad, que son menos sofisticadas en educación, habilidades cognitivas y conocimientos de psicología con una transición gradual a la persuasión racional dirigida a la élite intelectual y más persistente de la sociedad.

Las amenazas y la violencia emocional rara vez se utilizan en la publicidad, pero son bastante comunes en la propaganda política de los estados totalitarios. En la publicidad y propaganda de estados no agresivos, la manipulación y la persuasión racional se utilizan con mayor frecuencia.

El objetivo final de todo tipo de publicidad es persuadir al consumidor para que compre un producto o servicio. En política, lo más frecuente es que se venda un futuro desconocido a cambio del presente. La publicidad manipuladora logra sus objetivos utilizando hechos y argumentos que engañan y manipulan las emociones de los consumidores o votantes: exageración de la calidad de un producto o problema resuelto por un político con argumentos falsos.

Apelaciones emocionales

El primer tipo de publicidad y propaganda manipuladora es la publicidad engañosa, que utiliza hechos falsos. Utiliza declaraciones confusas y engañosas cuando promociona un producto o política. Los hechos aportados suelen ser secundarios o francamente falsos. Los hechos importantes suelen ocultarse y no mencionarse. Por ejemplo, en el anuncio se menciona que el producto no contiene sustancias nocivas para el medio ambiente, algo que todo el mundo oye. De hecho, estos productos nunca contuvieron estas sustancias, pero tienen otras desventajas ambientales que prefieren guardar silencio.

El segundo tipo de publicidad o propaganda manipuladora se basa en argumentaciones falsas, permitiendo errores de razonamiento. Por ejemplo, publicitar productos "elaborados tradicionalmente" basados en "recetas antiguas", lo cual es prácticamente imposible en las condiciones modernas de la industria alimentaria.

El tercer tipo es una apelación en la publicidad o la propaganda a las emociones más que a la lógica. Esta publicidad o propaganda está dirigida no sólo al nivel consciente, sino también al subconsciente. Los anuncios publicitarios pueden incluir apelaciones a la necesidad de lograr, dominar, sentirse seguro, satisfacer la curiosidad, la necesidad de sexo, apelar al instinto gregario, la necesidad de pertenencia, orientación, fama, atención, autonomía, la necesidad de comida, bebida, dormir y etc. También pueden utilizar el miedo para aprovechar el pánico si es necesario. Estas técnicas se utilizan a menudo en la publicidad de medicamentos y en la publicidad política, explotando el miedo al futuro, a los extraños y a lo desconocido. Los anunciantes y propagandistas juegan con las emociones del consumidor, vinculando un producto o una política con la felicidad, la salud, la seguridad, el éxito y la amistad en el futuro, familia, hogar, etc.

Lo opuesto a la publicidad manipuladora es la publicidad honesta, que proporciona información objetiva sobre un producto, servicio o política, utiliza razonamientos creíbles y permite a las personas tomar sus propias decisiones informadas. tanto en la compra de bienes y servicios como en el futuro político de su país.

La naturaleza de la Manipulación Mediática:

La manipulación en los medios de comunicación puede adoptar diversas formas, desde la selección de información hasta la distorsión de la verdad y la creación de narrativas sesgadas. Los medios pueden influir en la opinión pública mediante la elección de qué historias cubrir, cómo presentarlas y qué ángulos resaltar, todo con el objetivo de moldear las percepciones del público.

Desinformación y Propaganda

Uno de los aspectos más preocupantes de la manipulación en los medios de comunicación es la propagación de desinformación y propaganda. A través de la difusión de información falsa o engañosa, los medios pueden influir en las creencias y comportamientos de las personas, socavando la democracia y la confianza en las instituciones.

Sesgos y Agenda Setting

Los sesgos implícitos y explícitos en los medios de comunicación también pueden contribuir a la manipulación. Los periodistas y editores pueden tener sus propias inclinaciones ideológicas o políticas que se reflejan en la selección y presentación de noticias. Además, el fenómeno del "agenda setting" dicta qué temas son considerados importantes por los medios, influyendo así en las preocupaciones y prioridades del público.

Estrategias de Manipulación en los Medios

Dentro del campo de la manipulación mediática, existen varias estrategias y tácticas comunes utilizadas para influir en las percepciones del público. Estas pueden incluir el uso de imágenes impactantes, el lenguaje emocionalmente cargado, la repetición de mensajes clave y la creación de estereotipos o caricaturas de ciertos grupos o individuos.

Consecuencias Sociales y Políticas

La manipulación en los medios de comunicación puede tener profundas consecuencias sociales y políticas. Puede polarizar a la sociedad, alimentar el odio y la división, y erosionar la confianza en las instituciones democráticas. Además, puede perpetuar estigmas y prejuicios, socavando la inclusión y la igualdad en la sociedad.

Abordando la Manipulación Mediática

Abordar la manipulación en los medios de comunicación requiere un enfoque multifacético que involucre a los medios, los reguladores, el público y la sociedad en su conjunto. Es fundamental promover la alfabetización mediática para capacitar a las personas a discernir entre la información veraz y la desinformación. Además, se necesita una mayor transparencia y rendición de cuentas en la industria de los medios para garantizar la integridad y la objetividad en la cobertura de noticias.

La manipulación en los medios de comunicación es un fenómeno complejo y multifacético que puede tener consecuencias significativas para la sociedad. Reconocer y abordar la manipulación en los medios es crucial para preservar la integridad de la información y proteger la salud de la democracia.

La manipulación en la política: un juego de marionetas

La política, ese intrincado mundo donde se tejen las decisiones que impactan nuestras vidas, no siempre se rige por la transparencia y el debate honesto. En las sombras, se esconde un oscuro titiritero: la manipulación.

¿Qué es la manipulación política?

Es el uso de estrategias para influir en la opinión pública, las emociones y el comportamiento de los ciudadanos, con el objetivo de obtener un beneficio político. Se trata de tejer una telaraña de mentiras, medias verdades y emociones para controlar a las masas como si fueran marionetas.

Las técnicas más comunes

Propaganda: tergiversar la información, exagerar los logros y ocultar las deficiencias para crear una imagen falsa de un candidato o partido.

Miedo: infundir temor a través de amenazas reales o imaginarias para que las personas voten por un candidato o apoyen una causa.

Desinformación: difundir información falsa o engañosa para confundir a la población y deslegitimar a los oponentes.

Ataques personales: desprestigiar a los rivales con insultos, calumnias y rumores para desviar la atención de sus propios defectos.

Populismo: apelar a las emociones y prejuicios del pueblo, prometiendo soluciones fáciles a problemas complejos.

¿Por qué es peligrosa la manipulación política?

Erosiona la confianza en las instituciones democráticas, debilita la participación ciudadana y crea un clima de polarización y odio. En el peor de los casos, puede conducir a la toma del poder por líderes autoritarios o extremistas.

¿Cómo combatir la manipulación política?

Desarrollar el pensamiento crítico: analizar la información con objetividad, buscar fuentes confiables y verificar los datos antes de compartirlos.

Promover la educación mediática: enseñar a las personas a discernir entre información veraz y falsa, y a identificar las técnicas de manipulación en los medios de comunicación.

Exigir transparencia: presionar a los políticos y partidos para que sean honestos y rindan cuentas de sus actos.

Fortalecer las instituciones democráticas: defender la libertad de expresión, el acceso a la información y el derecho a la participación política.

La lucha contra la manipulación política es una responsabilidad colectiva. Solo mediante la educación, la participación activa y la exigencia de transparencia podemos evitar que las marionetas tomen el control del escenario político.

Capítulo 5
La ética de la manipulación

La manipulación es un fenómeno omnipresente en la vida humana, presente en una variedad de contextos, desde la publicidad y el marketing hasta la política y las relaciones personales. Sin embargo, la cuestión de si la manipulación es ética o no es un tema de debate que plantea preguntas fundamentales sobre el poder, la autonomía y la responsabilidad moral.

La manipulación es una forma "tóxica" de explotación psicológica de otras personas, cuando el manipulador, utilizando tácticas ocultas, indirectas, engañosas, abusivas o agresivos, logra los cambios que desea en las acciones, comportamientos, percepciones, emociones y creencias de los otros.

Todo tipo de manipulación tiene dos objetivos principales: Ganar influencia y provocar determinadas acciones o inacciones de las víctimas con el fin de satisfacer sus objetivos egoístas, ganar poder y control sobre las personas.

En este capítulo, exploraremos las complejidades éticas que rodean a la manipulación y cómo podemos abordar este desafío de manera reflexiva y ética.

El lado positivo de la manipulación

La palabra "manipulación" tiene una connotación negativa, y con razón. A menudo se asocia con el control, la explotación y el engaño. Sin embargo, la manipulación no siempre es algo malo. De hecho, hay algunas situaciones en las que la manipulación puede ser beneficiosa.

Ejemplos del lado positivo de la manipulación:

Motivación: Un entrenador puede utilizar la manipulación para motivar a sus jugadores a que se esfuercen al máximo. Por ejemplo, puede decirles que son los mejores o que tienen el potencial de ganar el campeonato.

Persuasión: Un vendedor puede utilizar la manipulación para persuadir a un cliente potencial para que compre un producto. Por ejemplo, puede utilizar el principio de escasez diciendo que solo quedan unas pocas unidades disponibles.

Educación: Un profesor puede utilizar la manipulación para mantener la atención de sus alumnos. Por ejemplo, puede utilizar juegos o actividades interactivas.

Terapia: Un terapeuta puede utilizar la manipulación para ayudar a un paciente a superar un problema. Por ejemplo, puede utilizar la técnica de la silla vacía para que el paciente dialogue con su yo del pasado.

Es importante tener en cuenta que la manipulación solo es positiva cuando se utiliza de manera ética y responsable. Si se utiliza para controlar, explotar o engañar a otras personas, entonces es negativa.

Consejos para usar la manipulación de manera positiva:

• Sea honesto y transparente en sus intenciones.
• Respete la autonomía y la libertad de elección de las demás personas.
• Utilice la manipulación para crear relaciones positivas y de confianza.
• No use la manipulación para beneficio personal a costa de otros.
• La manipulación es una herramienta poderosa que puede usarse para el bien o para el mal. Es importante usarla de manera responsable y ética.

Evite la responsabilidad personal por sus acciones o inacciones.

Los manipuladores se encuentran en nuestras vidas dondequiera que nos reunimos: en casa, en el patio de recreo, en la escuela, en la universidad, en el trabajo, en las iglesias, en las tiendas, en los medios de comunicación e Internet. Pero sobre todo se encuentran muchos manipuladores en la vida pública y política, en forma de propaganda y publicidad, tanto comerciales como sociales, políticas y en operaciones psicológicas de combate.

La esencia misma de la política es la manipulación de la conciencia de las personas para lograr en la sociedad ciertas creencias, emociones y reacciones de comportamiento que son beneficiosas para el grupo gobernante o dominante, o para el autócrata o el dictador, que los manipuladores políticos utilizan para lograr sus objetivos personales egoístas. La manipulación política, la propaganda y el "lavado de cerebro" a menudo quedan enmascarados por el eufemismo científico "ingeniería social".

Definiendo la Manipulación y la Ética:

Antes de sumergirnos en la ética de la manipulación, es importante definir nuestros términos. La manipulación se refiere a la influencia sutil o engañosa que busca controlar o dirigir el comportamiento, las creencias o las emociones de los demás para satisfacer los intereses de quien manipula. La ética, por otro lado, se refiere a los principios morales que guían el comportamiento humano y determinan lo que es correcto o incorrecto, justo o injusto.

Perspectivas Éticas sobre la Manipulación

Desde una perspectiva ética, la manipulación plantea una serie de dilemas morales. Algunos argumentan que la manipulación es intrínsecamente incorrecta porque viola el principio de respeto a la autonomía y la dignidad de los demás. Según esta visión, manipular a alguien implica tratarlos como meros medios para un fin, en lugar de reconocer su dignidad inherente como ser humano.

Por otro lado, algunos defienden que la manipulación puede ser ética en ciertos contextos, siempre y cuando se utilice para promover el bienestar de los demás o para alcanzar objetivos legítimos y moralmente justificados. Según esta perspectiva, la manipulación puede ser una herramienta legítima para influir en el comportamiento humano y lograr resultados positivos, como persuadir a alguien para que adopte hábitos más saludables o para promover causas benéficas.

Consideraciones Éticas

Al evaluar la ética de la manipulación, es importante considerar una serie de factores clave. Estos incluyen la transparencia y la honestidad en la comunicación, el respeto a la autonomía y la dignidad de los demás, y la consideración de las posibles consecuencias negativas de la manipulación.

La falta de transparencia y honestidad en la manipulación socava la confianza y la integridad en las relaciones humanas, lo que puede tener consecuencias perjudiciales a largo plazo. Además, manipular a alguien sin su consentimiento puede ser visto como una violación de su autonomía y dignidad, socavando su capacidad para tomar decisiones informadas y actuar según sus propios valores y deseos.

Abordando la Manipulación Éticamente

Abordar la manipulación de manera ética requiere un enfoque reflexivo y consciente de las consecuencias morales de nuestras acciones. Esto implica ser consciente de nuestras propias motivaciones y valores, así como considerar el impacto de nuestras acciones en los demás. Además, implica practicar la empatía y el respeto hacia los demás, reconociendo su dignidad y autonomía como seres humanos.

En última instancia, la ética de la manipulación es un tema complejo que requiere un equilibrio cuidadoso entre la búsqueda de nuestros propios intereses y el respeto por los derechos y la dignidad de los demás. Al abordar la manipulación de manera ética, podemos fomentar relaciones más saludables y auténticas, basadas en la confianza, el respeto y la integridad.

Capítulo 6
Defensa contra la manipulación

La manipulación es una herramienta poderosa que se utiliza en una variedad de contextos para influir en las decisiones y acciones de los demás. Desde la publicidad engañosa hasta las tácticas de persuasión coercitiva en relaciones personales, la manipulación puede ser difícil de detectar y resistir. Sin embargo, existen estrategias efectivas que se puede emplear para protegerse y defender la propia autonomía frente a la manipulación. En este capítulo final, exploraremos algunas de estas estrategias y cómo se las puede implementar en la vida diaria.

Formas de contrarrestar la manipulación

Si se considera víctima de manipulación, no se desanime: hay formas de protegerse en este tipo de relación discordante y destructiva.

Un componente clave de la autodefensa es comprender una de las premisas básicas: la manipulación psicológica sólo funciona de una manera: si se lo permite.

Lo más probable es que el manipulador le haya estudiado y conozca sus principales debilidades y desventajas. Él sabe lo que quieres: ser bueno, solidario, cariñoso, responsable, heroico, patriótico, profesional, el mejor, rico, poderoso, etc. Los manipuladores políticos saben que usted quiere vivir en un mundo seguro, tener confianza en el futuro, tener un techo sobre su cabeza, un trabajo, criar a sus hijos en paz y disfrutar de la vida. Conociendo sus deseos, fortalezas y debilidades, los manipuladores le utilizarán para su beneficio.

La única forma de salir de la trayectoria estándar de desarrollo de una relación manipuladora es dejar de preocuparse por lo que la persona que le controla está tratando de transmitirle e inculcarle.

A continuación, se muestran algunas tácticas comunes que se pueden utilizar para romper con el control de un manipulador o mitigarlo:

•	Antes de reaccionar de alguna manera ante una influencia que le parece manipuladora, intente analizar lo que la persona quiere transmitirle y lo que realmente podría querer de usted. Si no entiende lo que está pasando, tómese un descanso y consulte con personas de confianza, o simplemente intente resolverlo todo en un ambiente tranquilo, sin prisas ni presiones emocionales.

•	Dejar de estar a la defensiva. Si empieza a notar que está poniendo excusas, simplemente finalice la conversación y aléjate.

•	Fecha para dejar de tener razón y ser bueno. Sea usted mismo, incluso si no está a la altura de las expectativas de los demás. Déjelos permanecer "insatisfechos" en sus expectativas; esto no es asunto suyo ni de su vida.

• Intente fingir o renunciar a los deseos y necesidades que lo engancharon al manipulador. Sin el cebo que tragas, nadie puede controlarle. Recuerde que la mayoría de las promesas hechas por personas con trastornos de personalidad y políticos nunca se cumplen.

• Recuerde que tan pronto como exponga la manipulación y se salga del control del manipulador, él hará nuevos intentos y aumentará significativamente la presión sobre usted. Está preparado para esto: el nuevo nivel de impacto en usted puede ser desagradable e incluso peligroso.

• Defensor en su posición. No ceda a la presión. La mayoría de las veces, el manipulador quiere evitar la guerra, no iniciarla.

• Deje de intentar cambiar a la persona que le manipula constantemente. Déjelo ser manipulador si esa su elección. Simplemente acéptelo como un hecho y deje de intentar cambiarlo. Esto no significa que le obedecerá o seguirá comunicándose con él.

• Si le resulta difícil afrontar por sí solo los problemas existentes, siempre puede buscar ayuda psicológica profesional.

Herramientas para salir de las garras de un manipulador

1. Desarrollar el pensamiento crítico

Una de las defensas más poderosas contra la manipulación es desarrollar el pensamiento crítico. Esto implica cuestionar activamente la información que recibe, evaluar la credibilidad de las fuentes y examinar los argumentos con escepticismo saludable. No aceptar la información de manera pasiva; en su lugar, buscar evidencia, contrastar diferentes puntos de vista y mantener una mente abierta pero analítica.

2. Aprender a reconocer las tácticas manipulativas

Familiarizarse con las tácticas comunes de manipulación ayudará a identificarlas cuando se presenten. Algunas de estas tácticas incluyen; las amenazas, el miedo, la vergüenza o la lisonja para influir en las decisiones. Prestar atención a los intentos de presión emocional, la retención de información relevante o el uso de argumentos falaces. Cuanto más consciente de estas tácticas, más capaz se estará para resistir su influencia.

3. Establecer límites claros

Una parte importante de defenderse contra la manipulación es establecer límites claros y mantenerlos firmemente. Comunicar nuestros límites de manera directa y respetuosa, y no tener miedo de defenderlos cuando sean desafiados. Mantener la autonomía y no sentirse obligado a ceder a las demandas manipulativas de los demás. Recordar que se tiene derecho a tomar las propias decisiones y a actuar de acuerdo con los propios valores y necesidades.

4. Confiar en la propia intuición

A menudo, la intuición puede ser la mejor aliada en la defensa contra la manipulación. Si algo no se siente bien o parece sospechoso, confiar en los instintos y reflexionar sobre por qué se siente de esa manera. La intuición es una poderosa herramienta que puede alertar sobre situaciones manipulativas antes de que incluso se sea capaz de identificarlas racionalmente.

5. Cultivar relaciones saludables

Las relaciones basadas en la confianza, el respeto mutuo y la comunicación abierta son menos propensas a la manipulación. Cultivar relaciones saludables con personas que valoren nuestra autonomía y apoyen nuestras decisiones. Si se sospecha que una relación está siendo manipulativa o tóxica, no hay que dudar en buscar apoyo de amigos, familiares o profesionales capacitados.

6. Educar a otros y promueve la conciencia:

Finalmente, una forma poderosa de defenderse contra la manipulación es educar a otros y promover la conciencia sobre este tema. Compartir los conocimientos sobre tácticas manipulativas y estrategias de defensa con amigos, familiares y comunidades en línea. Cuanto más informadas estén las personas, más capaces serán de reconocer y resistir la manipulación en todas sus formas.

Defenderse contra la manipulación requiere un enfoque proactivo y consciente. Al desarrollar el propio pensamiento crítico, reconocer las tácticas manipulativas, establecer límites claros y cultivar relaciones saludables, puede proteger a uno y a los demás de los engaños y preservar la propia autonomía y dignidad.

Cómo resistir el control psicológico sobre tus sentimientos y creencias.

Cuando te das cuenta de que una persona está tratando de controlarte psicológicamente para sus propias multas, es importante recordar que tienes todo el derecho a protegerte de daños y perjuicios físicos, emocionales y mentales.

Tienes derecho a decir lo que piensas, discutir tus propias necesidades y, por defecto, mereces respeto. Si bien a la persona que intenta controlarte obviamente no le gustará escuchar todas estas declaraciones, es importante que comiences por establecer y reclamar tus límites y tu derecho a la autonomía.

Respuesta al manipulador: establece límites personales

Recuerda que tienes todo el derecho a no hacer, sentir o pensar lo que la persona controladora quiere que hagas. Tienes derecho a no sacrificar tu propia felicidad, bienestar e integridad al no sucumbir a sus formas manipuladoras de controlar. Al defenderte a ti mismo, a tu autonomía y negarte a someterte a un comportamiento controlador, incluso le estarás haciendo un favor al manipulador, ya que puedes hacerle comprender la naturaleza destructiva de su comportamiento.

Habiendo reconocido la manipulación, en primer lugar, haz lo siguiente:

Di "no" con calma a lo que es contrario a tu Ser. Di "no" a ti mismo y en voz alta a alguien que está tratando de controlarte.

Habla abiertamente con la persona controladora sobre cómo te hace sentir. Sin embargo, evita las emociones, los juicios, la ira, la decepción o las lágrimas. Mantén la calma y expresa tus sentimientos. Si esto no ayuda, considera si tu decepción en la relación vale la pena y si deberías seguir sintiéndose controlado por esta persona en el futuro.

Pregúntale a la persona si entiende que está tratando de manipularte y qué le lleva a hacerlo. Sin entrar en una discusión, explícale que no aprecias los intentos de controlarte. Si tiene objetivos nobles (como le parece) para su comportamiento, esto produce el efecto contrario, provocando tensión en las relaciones o la cooperación.

Se claro acerca de tus límites personales, por ejemplo: "No trabajaré gratis fuera de horario ni los fines de semana".

Comunícate honestamente con dicha persona, cuando creas que te está faltando el respeto, dícelo de inmediato y abiertamente.

Recuerde que, al aceptar obsequios y servicios, le demuestras al manipulador que tiene derecho a explotar.

Las personas que "se preocupan por tus mejores intereses", quieren "cambiarte para mejor", "convertirte en una persona", te controlan sólo porque están luchando con sus propias inseguridades, baja autoestima, preocupación y ansiedad. utilizando el hipercontrol como medio de su propia protección psicológica.

Recuerde a usted mismo y al manipulador que usted no es la fuente de sus problemas y que él debe asumir la responsabilidad de sus acciones y sus consecuencias de forma independiente, por ejemplo: "No tengo la culpa de su adicción y no le daré dinero por una dosis (frasco). Y si robas dinero, te atraparán y te condenarán."

Mantenga una sana distancia emocional y evite interactuar con una persona controladora (incluso virtualmente) si puede.

Evite a las personas manipuladoras hasta que sea lo suficientemente fuerte como para aceptar su comportamiento controlador sin emoción. Si uno se enoja o muestra algún signo de enojo, el manipulador inmediatamente cambiará la situación y te culpará: "¡Estás enojado (gritando, molesto)!"

Minimice abiertamente las expectativas y deseos de la persona hacia usted, comunique que no puede aceptar sus reglas y que no puede ser considerado responsable de lo que le gusta o no le gusta.

Mantén límites personales fuertes y ten cuidado con lo que dices a los demás: no dejes que descubran tus puntos débiles. No tienes que decirle a nadie lo que sientes, te preocupas, deseas o temes.

Cuando navegues en el ciberespacio, no entres en discusiones con personas agresivas, no mires los mensajes y cartas de la persona que te controla, bloquéalo en las redes sociales.

Si una persona especula sobre sentimientos elevados o religiosos para hacerla sentir culpable, recuerda que este tipo de comportamiento no tiene nada que ver con la fe, la religión o el amor a la Patria. Concéntrate en la verdad: no dejes que nadie te culpe si no tienes nada de qué culparte.

Recuerda, si una persona te manipula o controla, esto ya significa que no te ama y te trata sin respeto, diga lo que diga.

Prioriza tus propias necesidades y las de los demás. Intenta mantener la salud física, emocional y espiritual para hacer frente a la manipulación y el control psicológico.

Recuerda que las otras personas son responsables de su propia felicidad, no tú.

Únete a grupos de apoyo, aprende a resistir el control y la manipulación de otras personas y busca ayuda psicológica profesional.

Cómo superar el trauma de la manipulación

Superar el trauma de la manipulación psicológica es un proceso que requiere tiempo y esfuerzo. Sin embargo, con las herramientas y el apoyo adecuados, es posible sanar y recuperar la confianza en uno mismo y en los demás.

Recursos que pueden ayudarte a superar el trauma de la manipulación:

Terapia:

La terapia individual o grupal puede ayudarte a comprender el impacto de la manipulación en tu vida, desarrollar estrategias para afrontar el trauma y fortalecer tu autoestima.
Busca un terapeuta con experiencia en el tratamiento del trauma y la manipulación psicológica.

Grupos de apoyo:

Unirse a un grupo de apoyo puede ayudarte a conectar con otras personas que han pasado por experiencias similares.

Compartir tu historia y escuchar las experiencias de otros puede ayudarte a sentirte menos solo y validar tus emociones.

Recursos online:

Existen numerosos recursos online que ofrecen información sobre la manipulación psicológica y el trauma, así como consejos para la recuperación.

Algunas organizaciones ofrecen grupos de apoyo online o foros donde puedes conectar con otras personas.

Consejos para la recuperación

Practica el autocuidado: Es importante cuidar tu salud física y mental. Duerme lo suficiente, come sano, haz ejercicio y dedica tiempo a actividades que te hagan sentir bien.

Desarrolla tu autoestima: La manipulación puede dañar tu autoestima. Es importante trabajar en fortalecer tu confianza en ti mismo y tus habilidades.

Aprende a establecer límites: Es importante aprender a establecer límites claros y saludables con las demás personas.

Rodéate de personas positivas: Rodéate de personas que te apoyen y te hagan sentir bien contigo mismo.

Sé paciente: La recuperación del trauma lleva tiempo. No te desanimes si no ves resultados inmediatos.

Superar el trauma de la manipulación es un proceso desafiante, pero no imposible. Con la ayuda adecuada, puedes sanar y recuperar tu vida.

Recuerda:

No estás solo.
Hay personas que te quieren y te apoyan.
Mereces ser feliz.

#######